D1666520

ภริยา

heaven in us

Poesietagebuch

Von:_____

Nachts
II

Die Nacht,
In der
Das Fürchten
Wohnt,

Hat auch
Die Sterne
Und den
Mond.

Aus "In meinen Träumen läutet es Sturm"
von Mascha Kale´ko.

Es war, als hätt der Himmel
Die Erde still geküsst,
Dass sie im Blütenschimmer
Von ihm nun träumen müsst.

Aus „Mondnacht" von Joseph von Eichendorff.

Himmlischer, als jene blitzenden Sterne,
Dünken uns die unendlichen Augen,
Die die Nacht in uns geöffnet.

Aus „Hymnen an die Nacht" von Novalis.

Sternlos und kalt ist die Nacht,
Es gähnt das Meer;
Und über dem Meer, platt auf dem Bauch,
Liegt der ungestaltete Nordwind.

Aus „die Nacht am Strand" von
Heinrich Heine.

Ein Stern für Erinnerung
Ein Stern für Liebe
Ein Stern für Trauer
Ein Stern für Sehnsucht
Ein Stern für Poesie
Oh, einen anderen Stern für meine Mutter.

Aus „Sternzählen in der Nacht" von
Dong-Ju Yun.

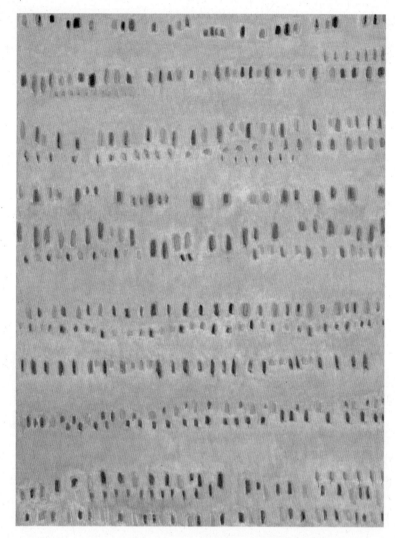

Sounds of Spring. ©Whanki Foundation · Whanki Museum

Ich nahm den Stern der kalten Nacht
Und legte ihn,
Sanft, auf das Wasser.
Und war nicht überrascht,
Als er davonschwamm
Wie ein unauflöslicher Fisch,
Seinen diamantenen Leib
In der Nacht des Flusses
Bewegend.

Aus „Ode an einen Stern" von Pablo Neruda.

Schicksallos, wie der schlafende
Säugling, atmen die Himmlischen;
Keusch bewahrt
In bescheidner Knospe,
Blühet ewig
Ihnen der Geist,
Und die seligen Augen
Blicken in stiller
Ewiger Klarheit.

Aus „Hyperions Schicksalslied" von
Friedrich Hölderlin.

Füllest wieder Busch und Tal
Still mit Nebelglanz,
Lösest endlich einmal
Meine Seele ganz,
Breitest über mein Gefild'
Lindernd deinen Blick,
Wie des Freundes Auge mild
Über mein Geschick.

Aus „An den Mond" von
Johann Wolfgang von Goethe.

Der Tag ist gegangen, der Mond ist fern,
Aufs Kissen hernieder scheinen die Stern.

Aus „Schlaflos" von Theodor Storm.

Nacht ist schon hereingesunken,
Schließt sich heilig Stern an Stern,
Große Lichter, kleine Funken
Glitzern nah und glänzen fern;
Glitzern hier im See sich spiegelnd,
Glänzen droben klarer Nacht,
Tiefsten Ruhens Glück besiegelnd
Herrscht des Mondes volle Pracht.

Aus „Arielgesang" von
Johann Wolfgang von Goethe.

41

Von so vielen Sternen
Schaut ein Stern auf mich herab.
Unter so vielen Menschen
Blicke ich auf diesen Stern.
Je tiefer die Nacht schreitet,
Erlischt der Stern in die Helligkeit
Und ich in der Dunkelheit.

„Am Abend" von Kwangseob Kim.

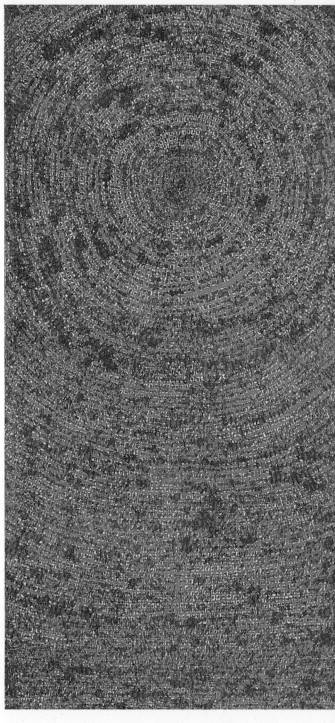

Universe. ©Whanki Foundation · Whanki Museum

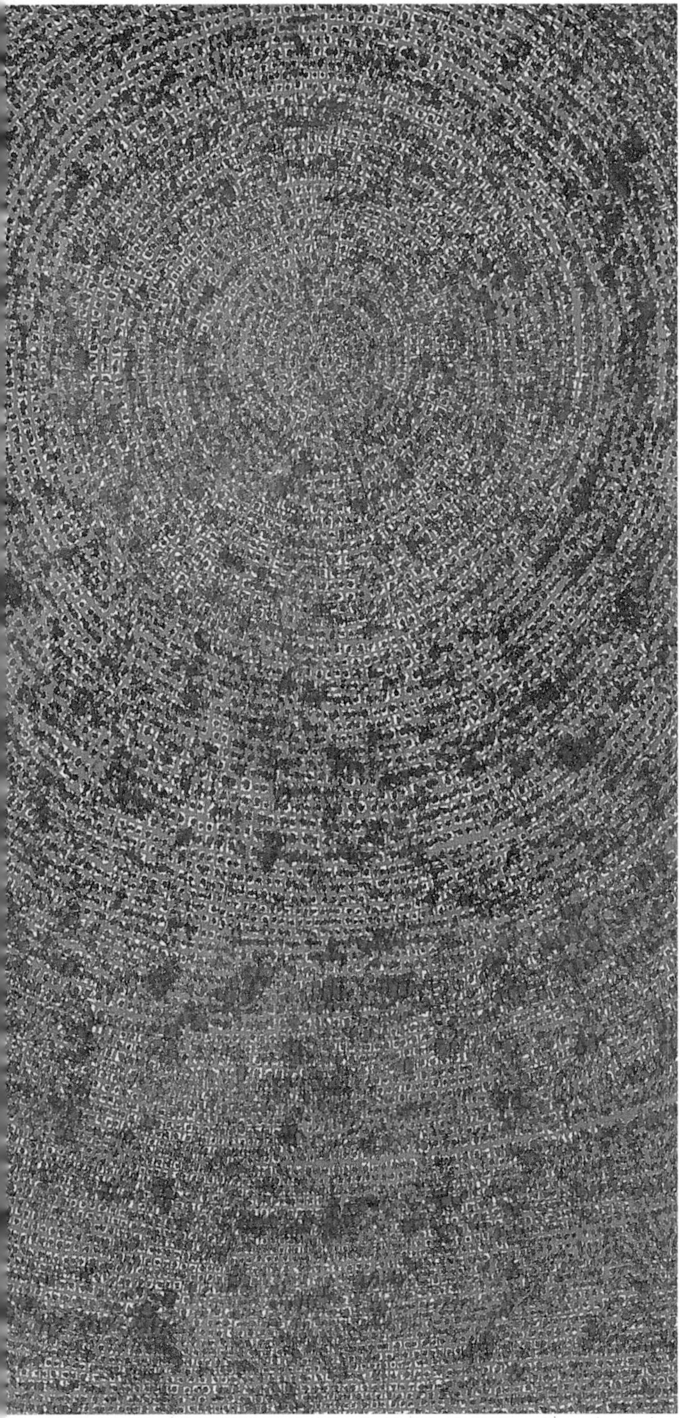

Es flieht das Herz
Mit dem Mond,
Die Wolken stehn',
Der Mond hat Eile.

Aus „Flucht" von Hilde Domin.

Welcher Stern
Ist im Mittelpunkt
Des Himmels

Erde
Nicht du

Aber du
Mensch
Bist Mittelpunkt
Der Erde.

„Mittelpunkt" von Rose Ausländer.

O Erde, Erde
Stern aller Sterne [...]
Erde, Erde bist du eine „Blinde" geworden
Vor den Schwesternaugen der Plejaden
Oder der Waage prüfendem Blick? [...]
Erde, o Erde
Stern aller Sterne
Einmal wird ein Sternbild Spiegel heißen.
Dann o „Blinde" wirst du wieder sehn'!

Aus „Chor der Sterne" von Nelly Sachs.

Wer hat gesagt, dass die Erde nicht singt,
Dass sie für immer verstummt ist?
Nein, sie singt, sie klingt,
Aus allen ihren Wunden, allen ihren Öffnungen.
Denn die Erde, das ist unsere Seele.
Und die Seele kann man nicht zertreten.
Wer hat gesagt, dass die Erde gestorben ist?
Nein! Sie hält nur für eine Weile den Atem an.

Aus „Lied der Erde" von Wladimir Wyssozki.

In meinen Siefträumen
Weint die Erde
Blut

Sterne lächeln
In meine Augen

Kommen Menschen
Mit vielfarbnen Fragen
Geht zu Sokrates
Antworte ich

Die Vergangenheit
Hat mich gedichtet
Ich habe
Die Zukunft geerbt

Mein Atem heißt

Jetzt.

„Mein Atem" von Rose Ausländer.

Air and Sound I. ©Whanki Foundation · Whanki Museum

Auf braunen Sammetschuhen geht
Der Abend durch das müde Land,
Sein weiter Mantel wallt und weht,
Und Schlummer fällt von seiner Hand.

Mit stiller Fackel steckt er nun
Der Sterne treue Kerzen an.
Sei ruhig, Herz! Das Dunkel kann
Dir nun kein Leid mehr tun.

„Der Abend" von Christian Morgenstern.

Oft wenn ich in der Nacht,
Von bangem Traumgesicht
Emporgeschreckt, betracht,
Wie leicht der Leib zerbricht,
Wenn immer schwerer lasten Angst und Wahn,
Ich weinen muss ob meiner dunklen Bahn:

Lauf ich zum Fenster schnell,
Die Sterne anzuschaun,
Wie scheinen sie so hell,
Dann darf ich doch vertraun,
Ich weiß es ja, dass mich an Kindesstatt
Der Sternenhimmel angenommen hat.

„Felicitas" von Albert Steffen.

Die Erde will ein freies Geleit ins All
Jeden Tag aus der Nacht haben,
Dass noch tausend und ein Morgen wird
Von der alten Schönheit jungen Gnaden.

Aus „Freies Geleit (Aria II)" von
Ingeborg Bachmann.

Grenzt nicht mein Herz an deins —
Immer färbt dein Blut meine Wangen rot.

Wir wollen uns versöhnen die Nacht,
Wenn wir uns herzen, sterben wir nicht.

Es wird ein großer Stern in meinen Schoß fallen.

Aus „Versöhnung" von Else Lasker-Schüler.

Ich bin mir selbst ein unbekanntes Land
Und jedes Jahr entdeck´ ich neue Stege.
Bald wandr´ ich hin durch meilenweiten Sand
Und bald durch blütenquellende Gehege.
So oft mein Ziel im Dunkeln mir entschwand,
Verriet ein neuer Stern mir neue Wege.

„Ich bin mir selbst" von
Christian Morgenstern.

Ohne Titel. ©Whanki Foundation · Whanki Museum

Schönes Licht, das uns warm hält,
Bewahrt und wunderbar sorgt,

Dass ich wieder sehe und dass ich dich wiederseh!

Nichts Schöneres unter der Sonne
Als unter der Sonne zu sein.

Aus „An die Sonne" von Ingeborg Bachmann.

Im Königreich der Luft
Atmet die Poesie.
Mit hundert Händen
Das Spiel umarmen.
Flammen und Flüsse.
Wir brennen wir fließen
Zeitenlang.
Grenzenlos sind unsere Augen
Eine Sprache aus Stille und Sternen.
In Worten wohnen
Aus Metamorphosen.
Wir brauchen keine Beweise
Dass wir leben.

„Keine Beweise" von Rose Ausländer.

Sterne sprachen einst zu Menschen,
Ihr Verstummen ist Weltenschicksal;
Des Verstummens Wahrnehmung
Kann Leid sein des Erdenmenschen:
In der stummen Stille aber reift
Was Menschen sprechen zu Sternen;
Ihres Sprechens Wahrnehmung
Kann Kraft werden des Geistesmenschen.

Aus „Wahrspruch" von Rudolf Steiner.

Über dir
Sonne Mond und Sterne

Hinter ihnen
Unendliche Welten

Hinter dem Himmel
Unendliche Himmel

Über dir
Was deine Augen sehen

In dir
Alles Sichtbare

Und
Das unendlich Unsichtbare.

„In dir" von Rose Ausländer.

Air and Sound II. ©Whanki Foundation · Whanki Museum

Ich selbst muss Sonne sein,
Ich muss mit meinen Strahlen
Das farbenlose Meer
Der ganzen Gottheit malen.

Angelus Silesius.

Sterne sah ich bereits jugendlich auferstehn',
Tausendjährigen Gangs durchs Firmament zu gehen.

Aus „die Größe der Welt" von
Friedrich Schiller.

Du weißt es
Ihr Herz
Ist ein kleiner Stern
Der die Erde beleuchtet.

„Immer sind es die Menschen" von
Rose Ausländer.

Mit einem Herzen,
Das nach den Sternen singt
Will ich alle sterblichen lieben.

Aus „Prolog" von Dong-Ju Yun.

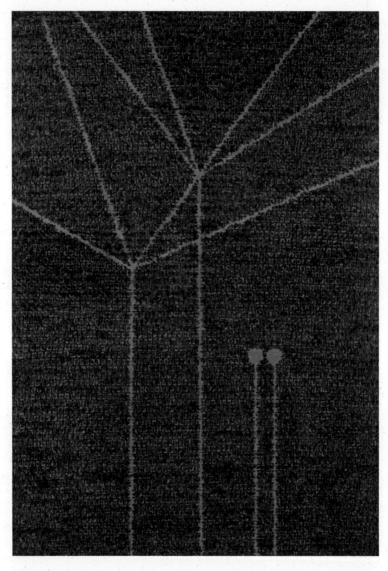

Duet. ©Whanki Foundation · Whanki Museum

Rose Ausländer (* 11. Mai 1901; † 3. Januar 1988) wurde als Jüdin von den Nationalsozialisten verfolgt, überlebte im Ghetto in Czernowitz. 1946 wanderte sie in die USA aus, kehrte 1964 nach Europa zurück und zog 1965 nach Düsseldorf. Sie veröffentlichte mehr als dreißig Gedichtbände und erhielt zahlreiche literarische Auszeichnungen.

Mascha Kale´ko (* 7. Juni 1907; † 21. Januar 1975) war eine deutschsprachige jüdische Dichterin. Sie gehörte zu Großstadtlyrikern, die in Berlin sehr aktiv waren. Jedoch wurden ihre Bücher von Nationalsozialisten als schädliche und unerwünschte Schriften bezeichnet und verboten. Mit ihrem Mann ging sie ins Exil nach Amerika.

Hilde Domin (* 27. Juli 1909; † 22. Februar 1975) war eine deutschjüdische Dichterin. Wegen der Verfolgung von Nationalsozialisten floh sie aus Deutschland nach Italien, Frankreich, England, und konnte letztendlich in der Dominikanischen Republik Schutz finden. Daraus entstand ihr Künstlername „Domin".

Ingeborg Bachmann (* 25. Juni 1926; † 17. Oktober 1973) war eine österreichische Schriftstellerin und gehört zu den wichtigsten Lyrikern des 20. Jahrhunderts und Vertretern der deutschsprachigen Literatur der Nachkriegszeit.

Albert Steffen (* 10. Dezember 1884; † 13. Juli 1963) war ein Schweizer Schriftsteller und Anthroposoph.

Rudolf Steiner (* 27. Februar 1861; † 30. März 1925) ist Begründer der Anthroposophie und er hinterließ zahlreiche literarische Werke wie Gedichte, Sprüche und Dramen.

Christian Morgenstern (* 6. Mai 1871; † 31. März 1914) war ein deutscher Dichter und Schriftsteller und pflegte eine tiefe Freundschaft mit Rudolf Steiner.

Johann Wolfgang Goethe (* 28. August 1749; † 22. März 1832) war von seiner Jugend an bis ins hohe Alter Lyriker. Er vertrat die literarischen Epochen Sturm und Drang sowie die Weimarer Klassik.

Angelus Silesius (∗ 25. Dezember 1624; † 9. Juli 1677) war ein Arzt und Theologe. Seine tiefreligiösen Gedichte wurden als bedeutendste lyrische Werke der Barockliteratur bezeichnet.

Heinrich Heine (∗ 13. Dezember 1797; † 17. Februar 1856) war deutscher Dichter des 19. Jahrhunderts. Heinrich Heine gilt als einer der letzten Vertreter und zugleich als Überwinder der Romantik.

Novalis (∗ 2. März 1772; † 25. März 1801) ist der Künstlername von Georg Philipp Friedrich von Hardenberg. Er war ein Dichter der Frühromantik.

Friedrich Hölderlin (∗ 20. März 1770; † 7. Juni 1843) war ein deutscher Dichter. Mit 25 wurde Hölderlin wegen Hochverrats vom württembergischen Herzog verhaftet und erlitt eine Zwangsbehandlung im Klinikum der Universität Tübingen. Nach dieser Behandlung verbrachte er seine zweite Lebenshälfte in einem Turmzimmer in Tübingen.

Theodor Storm (∗ 14. September 1817; † 4. Juli 1888) war ein Vertreter des Realismus und berühmt für seine Novellen, jedoch betrachtete er Lyrik als Ursprung seiner Erzählungen.

Nelly Sachs (∗ 10. Dezember 1891; † 12. Mai 1970) war eine jüdisch-deutsche Dichterin. Sie ist in Berlin aufgewachsen und floh wegen eines durch den Nationalsozialismus verursachten Traumas mit ihrer Mutter nach Schweden. 1966 erhielt sie den Literaturnobelpreis.

Joseph von Eichendorff (∗ 10. März 1788; † 26. November 1857) gehört mit seinen Werken zur Spätromantik und seine sehnsüchtige Lyrik ist so populär, dass sie von Musikern am häufigsten vertont wurde.

Dong-Ju Yun (∗ 30. Dezember 1972; † 16. Februar 1945) war ein koreanischer Dichter. Er wurde im Jahr 1942 vom japanischen Geheimdienst verhaftet und im Jahr 1945 im Gefängnis von Fukuoka in Japan ermordet. Nach seinem Tod wurde aus seinem handgeschriebenen Manuskript sein erster und einziger Gedichtband „Himmel, Wind, Stern und Gedicht" veröffentlicht.

Dichter:innen

Pablo Neruda (* 12. Juli 1904; † 23. September 1973) war ein chilenischer Dichter und Schriftsteller, der sich vor allem gegen den Faschismus in seinem Heimatland und in Spanien einsetzte. 1971 erhielt er den Nobelpreis für Literatur.

Wladimir Semjonowitsch Wyssozki (* 25. Januar 1938; † 25. Juli 1980) war ein russischer Schauspieler, Dichter und Sänger. Obwohl die meisten seine Lieder aufgrund ihres freisinnigen und kritischen Inhalts von offizieller Seite in der Sowjetunion nicht veröffentlicht wurden, wurden Tonbandmitschnitte seiner Konzerte durch das sog. Samisdat-Prinzip verbreitet und kursierten millionenfach im ganzen Land.

Else Lasker- Schüler (* 11. Februar 1869; † 22. Januar 1945) war eine deutschjüdische Dichterin und gilt in der Literatur als herausragende Vertreterin der avantgardistischen Moderne und des Expressionismus.

Kwangseob Kim (* 1905; † 1977) war ein koreanischer Dichter und ein enger Freund von Maler Whanki Kim. Sein Werk vertritt die moderne koreanische Dichtung.

Friedrich Schiller (* 10. November 1759; † 9. Mai 1805) war ein Denker, Dichter und Dramatiker, der mit Goethe die Weimarer Klassik prägte.

Whanki Kim 1971.

Whanki Kim

(∗ 27. Februar 1913 † 25. Juli 1974) war ein koreanischer Maler, der zu seiner Zeit in Seoul, Tokyo, Paris und New York aktiv tätig war. Er wurde „dichtender Maler" genannt, weil er versuchte, lyrische und zeitgenössische Sprachkunst (Dichtung) in eine einzigartige bildende Sprache zu sublimieren.

Das Whanki Museum wurde im November 1992 in Seoul eröffnet und veranstaltet temporäre Sonderausstellungen zu Kim Whanki, Ausstellungen moderner Künstler wie Research for Modern Artists, Kim Whanki and His Contemporaries, Whanki Museum Space Project, Whanki Foundation Artists. Es unterstützt junge Künstler, die Kunstwerke in verschiedenen Bereichen schaffen und dient auch als öffentliche Bildungseinrichtung für die Zivilgesellschaft durch Bildungsprogramme wie das Kunstprogramm für Senioren mit Demenz; ARTon, ARThink und mehr.

http://whankimuseum.org

Impressum

ISBN	ISBN 978-3-00-071206-7
Herausgeberin	Michelle Han
Copyright	©Verlag Hanl 2021 Haussmannstr. 28 70188 Stuttgart 1. Auflage: 2022
Kontakt	editor@hanlbook.com
Website	www.hanlbook.com
Lektorat	Alexander Jelinek
Gestaltung	Almut Rist
Bild	©Whanki Foundation · Whanki Museum – The copyrights for the images of KIM Whanki's works belong to the Whanki Foundation.

Cover & Seite 128: Kim Whanki, Duet 22-IV-74 #331, 1974, Oil on cotton, 178x127cm.

Seite 22: Kim Whanki, Sounds of Spring 4-I-1966, 1966, Oil on canvas, 178x128cm.

Seite 73: Kim Whanki, Air and Sound (I) 2-X-73 #321, 1973, Oil on cotton, 264x208cm.

Seite 110: Kim Whanki, Air and Sound (II) 10-X-73 #322, 1973, Oil on cotton, 264x208cm.

Seite 96: Kim Whanki, 14-III-72 #223, 1972, Oil on cotton, 254x200cm.

Seite 46 & 47: Kim Whanki,
Universe 5-IV-71 #200, 1971, Oil
on cotton, 254x254cm.

http://whankimuseum.org

Schrift   IBM Plex Mono Light

Druck   buch.one - Klimaneutrale Produktion
                   (CO2-Zertifikat).
                   Druck auf nachhaltig produziertem
                   Papier mit FSC-/PEFC-Siegel.
                   Auf ungestrichenem Recycling
                   Papier: environature